AF397477

Överstyr

Om en utmattning

Yvonne Jarlvik

Överstyr
Om en utmattning

Omslag: Fanny Hellgren

Förlag: BoD-Books on Demand, Stockholm, Sverige
Tryck: BoD-Books on Demand, Norderstedt, Tyskland

ISBN 978-91-7699-243-2

Why bother?

Because right now, there is   someone

out there with

a wound   in the exact shape

                    of your words.

Sean Thomas Dougherty

Avprogrammeringen
                    från
det gängse och Jante
att man SKA
lönearbeta och
göra rätt för sig
     helst till en sen
                    sen
                       sen pension
          att man bara ska
                    och ska
                    och ska
annars är det tveksamt
om man har livsberättigande
som räcker
till upprätt ställning

Avprogrammeringen
nästan förbjuden
snudd på omöjlig

Då, hade jag inget val
    föll och föll
men nu, två år senare
gör jag ett aktivt val
att inte försöka vårdarbeta
    utan tillåta mig att
    låta bli

vill utforska annan väg ty

den spikraka som
alla förväntade sig
även jag själv
ledde mig vilse
    inträngd blev jag i
    en återvändsgränd

så fel den känns nu
den spikraka
    som om det inte är där
    min fortsatta livsuppgift finns

i alla fall inte
till det höga priset
    sjukdom
    och längtan
    att slippa leva

Mitt kloka inre dör
om jag inte lyssnar nu

jag fattar att
det kan vara
provocerande för andra
    det jag gör
    och inte gör

det är provocerande
    för min inre slavdrivare också
vi försöker
    närma oss varandra

Men vad skulle det betyda
    för min självrespekt
om jag ändå valde
det, för mig nu omöjliga
    yrket
        istället för
            Livet?

Mina gick sönder
vid nedläggningen
för tio år sen
    eller nedläggningen efter det…

    skygglapparna alltså

nu finns inte
    tillräckligt stora sådana
att få tag i
    för en som mig

Jag sitter med sågen
den nya japanska, lik
nosen på en sågfisk

speglar mig i bladets blanka
spelar, svänger, svajar

ska jag såga av den gren
jag sitter på?
    eller tror mig sitta på
    men nog snarare är
    fjättrad vid

farhåga
farvåga
farsåga
farlåga

Förändringen
efterlängtad
mina egna steg ditåt
ekar ur framtiden

om den finns
    jo den finns!
framtiden
    förändringen

anar ljudet
av stegen
jag tar
och musiken
som dansar
med mig
när jag vågar

Behöver ut
ut ur
vidga blick
    Kapa!
det är inte syrgas
i slangen längre
    Kapa!

Kampen inom mig
innan jag föll
så mycket jag visste
och ändå hade jag
inte en aning

tidsrymdernas
förändring
färden utan farkost
genom mitt inre fängelse
så länge

tur jag inte visste då
hur länge

kanske fortfarande
inte vet

skulle rakt ner
i källarmörkret

Jag kunde
jag förmådde
jag studerade
presterade
förstod
dekapiterade
dissekerade
suturerade

Jag tjänstgjorde
jag utfärdade
ansvarade
förträngde
jag bedömde
beslutade
behandlade

Jag födde
jag hanterade
talade
tillryggalade
imponerade
jag vågade
men fegade
och fortsatte

Jag kämpade
uthärdade
begravde
avtalade
avslutade
tog slut

jag dög inte
dog inte
log inte

och så är väggen där
    mycket finns inristat
med blod och med tårar

har slutat rusa
    ändå ser jag inte väggen
men den känns
i varje cell
i min kropp

som ensam
i ett tomt rum
där inte ens jag

och det är låst
inifrån

har inte längre tillgång till
mig själv

ödsligt är det, trasigt
och skrämmande

andra kanske undrar
vart jag tagit vägen

det gör jag också

ska jag vara såhär
resten av livet?
försöker tyda ett bankbrev
klarar inte
blir alldeles matt
rädslan som klister
hjärnan utan vidhäftningsförmåga

försöker tanka bilen
har glömt proceduren
slutar köra

har läst om sånt här
nu är jag mitt i det själv

kan nån fatta?
kan nån annan fatta
besluten åt mig?

livet, inte kravlöst nånstans
allt detta har jag trott mig veta
ändå har jag bara stövlat vidare
rakt mot vallgraven

den hårda bankar
mellan skulderbladen

i-landsproblem?
nej, det är faktiskt svårt faktiskt!
att plötsligt inte klara att hjälpa
och glädja andra
när hela ens väsen och liv
är inställt på att det är just
för att hjälpa andra man finns till
helt enkelt och svårt
    att hitta
något annat sätt
att förhålla sig på
    finna mening i

ansiktet, tappat
taget, tappat
faller
behöver inte
få tag igen

varför skäms jag?
och skäms för
att jag skäms?

ord som
misslyckande
struntsak
svikare
gör rätt för dig!
    slår och bultar inuti

insikt!
alla
är snällare
mot mig
än jag själv är

så tröstlöst
hur ska jag kunna bli bättre?
av vad?
    av vad?
tid? smärta? frustration? ilska?
dålig medicin? fel terapi?
    av vad?
ska jag bli friskare

    av gråt?

man gråter inte för evigt, säger psykologen

nedärvda bitar
som också finns

generationer innan
där fler än en dött
för egen hand

hur morbrors självmord
välte barndomens stadga
allt förändrades
på en sekund

trauman som tystats då
    jag är inte
    den första som
    bitit ihop

det känns så viktigt nu
    helt nödvändigt
att ta hänsyn till henne
den här lilla
    förkvävda jag

nosar på min mormors
sista dagbok som
doftar svagt av dammig
björksekretär
åratals undanstopp
sällanlästa ord
händer, tårar
fleras tårar
perspektiv
och gott läkkött

jag har ärvt orden
    men också det
    som inte sades
    utan bars inom

kan ta nåns cancer
slippa hoppa
slippa hänga
slippa skära

så trött på den här
depressionen som aldrig
tycks gå över

så
är så tungt och
skuldfyllt att tänka

får en tilläggsdiagnos

såklart är det
utmattningssyndrom
också

jag ville inte ha den
    för just mig, just då
    betydde den
        att det var självförvållat

så fel jag hade

axeloperation

axeln ligger mycket nära själen
    som att någon ska
    stabilitetstesta min själ
    slita dra karva rensa
kanske laga

sövas
överlämna sig
åt gud?

det är så köttsligt detta
som efter en förlossning
dofter, safter
innanmäte

att öppna det
annars slutna
att nästan vändas
ut och in

axelfixation
tvångströja

duschbräda
griptång
glidplatta
jag?

jag?

skuldra
skulderkänsla
skuldkänsla

för att jag utsätter
min omgivning för
min ledsenhet

och tillfälligt
gjort slut på
den kraft
jag borde sparat till
att vara god vän
god mor
god läkare
god dag
godnatt
gode gud!

det är så svårt att le
kroppen fast i skruvstäd
tårarna så alltid
oro
farhågor

denna fas
alla sorters tankar
en snabb ström
av registreringar
red alert PÅ
hela vakna tiden
får aldrig vara ifred

allt stör mig
minsta lilla
och jag hoppar till

det tar kraft
att inte kunna sålla

aldrig varit här förut
ser mer än jag behöver
hör mer än jag orkar
känner mer än…
knappen har fastnat
på On On On

vill falla till marken
vila vid
de förmultnande löven
barren
den doftande mossan

vill inte falla till människorna
även om de dör snart
det gör väl jag med

lägger mig
under träd
i skogen
som djur gör
när de ska dö

träden är
mina tröstande vänner
de står där och orkar
de säger inget
de skyndar inte på
lugna och trygga
bara finns

det finns mörkare svart också
många nyanser
visst finns det det

    brunsvart
    blåsvart
    sot
    djupet av en damm
    mörkläggningsgardiner
    vissa pupiller
    gravstenar
    och mullen

tangenter som
inte är vita

inte ens det mest basala
har jag lärt mig
    kan jag tänka

som att andas rätt

bara när jag springer
eller föder barn
kan jag andas
och slappna av

var en bergsget
i mitt förra liv
nu har jag ramlat ner
nästan dött

ska själv
sopa ihop
bitarna
av det trasiga
som var jag
foga samman
till något
hållbarare

var finns klistret?

rädsla för att kliva ut ur
tryggheten som även
kostat mig så mycket

mitt inre fängelse
är byggt av
den rädslan

men

jag tillhör inte Landstinget
det är det kläderna och
filtarna som gör

eller…

kan inte fortsätta fly

måste riva detta fängelse
riva ner det själv

tar nog lång tid
står ensam här
med det jobbet
som andra inte ser

det osynliga
mödosamma arbetet

behöver samla kraft

de litade på mig
skickade sina veganbarn
för blodbristkontroll
de kom förtvivlade
med sina deprimerade barn
snälla snälla rädda!
de litade på mig

finns det nån som gör det nu?

kroppen har ju skrikit så länge
ropat på hjälp

här sitter jag nu med behov
behov av ändlös tid
långsam tid
för återhämtning

varför tog jag **så** slut?
pang!
från åtminstone halvfart
på reservresursernas sista
sluttamp till
nollkommanollnoll
och mindre än så
    direkt!
och gled sedan
långt under
noll-strecket

får jag leva?
får jag dö?

men i ärlighetens namn
det var ju så jävla oplötsligt!

Onsdag morgon
begår våldtäkt på mig själv
när jag tar mig upp idag
och tar mig till jobbet!
det finns ingen patient
jag skulle utsätta för detta
varför gör jag det mot mig själv???
hur ska jag klara den här arbetsdagen?
patienter som ber, behöver och kräver?
varför ska just JAG, klara?

ser min man och hans vän
åka till havet för segling

själv segnar jag nästan ner vid bilen
men kan inte ändra mig
utan åker till jobbet
ändå

Varningsdröm
i strumpläst kommer jag
till denna förfestlägenhet
iglarna kryper upp
belägger hela min kropp
iglarna, slemmiga, sugande
under kläderna, på kläderna
på golvet kryllande

de andra i drömmen
verkar inte bry sig
blir inte heller så belamrade
som jag

måste få bort dem
sliter stora sjok
blir faktiskt av med dem
ren och mycket lättare

Att med berått mod
långsamt
elakt
slita ut sig
är också
ett sorts
suicid

*Ur dagboksanteckningar
fem år före fallet*

Kom hem från jobbet
och visste inte
om jag skulle gråta
skratta eller skrika
krypa under täcket
och försvinna

eller
gå ut
och försvinna

till brädden fylld av intryck
och ge-källan tömd
till sista droppen

lyckligtvis krävde ingen
något av mig hemma just då
var någon hemma förresten?

jo, en liten rödhårig sa hejdå
när jag valde gå-ut-alternativet

Skulden
jaa, mamma ligger
kvar i sängen
ingen lagar mat
idag heller

smärtan
den välbekanta
men ovälkomna
och andetag
som fastnar

alla ljud
blir oljud

Varningsdröm
i drömmen har jag en nyfödd
en behändig liten flicka
jag som är femtiotre år
har valt bort amning
sörjer det men
tränger undan sorgen
försöker gå på bio
med bebisen
men hinner inte dit i tid
på ett café gör jag välling
då kommer mamma in
men mamma, du är ju död
vad gör du här?
kramar mamma
borrar in min nos i hennes
vinterkappas goa pälskrage
drar in hennes doft
min lilla bebis är tyst
och lätt men
en för mycket!

mamma bannar mig inte
vare sig för ett fjärde barn
vid hög ålder eller
att jag inte ammar henne
utan jobbar vidare

bebisen ser ut att förtvina
knappt överlevnadsduglig är hon
och jag ger henne
gulklumpigt vällingpulver
utskakat i ljummet kranvatten
det faller sliskiga godisbitar
ner i flaskan också

istället för blöjor lägger jag
smutsiga disktrasor
i hennes byxor

Saknar mig själv också
det är ju det jag gör
väntar på mig själv
    hela tiden nästan

och de tröttaste
mest smärtande stunderna
    är faktiskt plågsamma
    jag får nog erkänna det

man kan vänja sig vid så mycket
tänker: jag jobbar ju med
cancerpatienter som fått acceptera
att de snart ska dö

vad är då lite energibrist
för futtigt lyxproblem?

Helg
vattnade i alla fall
orkidéerna
i övrigt brunt, grått
jord
inte orkat
resa mungiporna
till leende

dagar senare:
kunde le idag
men det var
övergående

Det är skönt att gråta
men tråkigt att behöva

får mammor bara gråta
på ensampromenader?
låta vinden hjälpligt torka
gaska upp sig, gå in
och säga
hej, var det kul igår?
till de nästan vuxna barnen

mammor kan bli
deprimerade
och utmattade
och försöka lura sig själva
att det inte märks

en nedärvd tystnad
man inte alls vill fortplanta
    och ändå…

Att ha gråtit för lite
för länge

att behöva falla

Åter till tiden för fallet

jag vill vara död
    vill inte finnas
när det är såhär

    men får inte
    man får inte!

jag är fånge här

psykologen
med lugn vacker handstil
på en gul post-it-lapp

jag är villig
att vara varsam
med mig själv

jag vill   men
jag kan inte   lova
mumlar jag tyst

minns uttryck som:
din vilja sitter i skogen
sagt av mamma som fått höra
av sin pappa:
rensa rovor nu

äsch, vila kan man göra i graven

stackars liten, söndersliten, av en eld
som knappast brann

och annat
i all välmening
som mamma sa
och andra sa
och jag sa

ryck upp dig!
det är bara att bita ihop!
ta dig i kragen!

vissa viljor och känslor
bekräftades inte
fick inte ta plats i min kropp

på frågan   vad vill DU?
har jag sällan haft
distinkta svar

jaa, vad vill jag?
det är väl det som gör DIG
nöjd och glad
ungefär

först då man bärs ut på bår
eller grävs ner
    får man vila
har man rätt att
    avstå från
att göra
jobba
kraven
i graven!

men

det är ju inte säkert
    att man får vila
    ens i graven

och jag kan inte vänta
till graven!
jag måste vila NU
jag måste vila NU

ingen
vinner på
att jag stövlar vidare
och går ännu mer sönder
sönder
sönder

har ingen kraft att skrapa ihop
till att fortsätta förtränga
mitt ansvar för mig själv
mitt ansvar för
att låta mig bli frisk

jag är villig att
vara varsam med mig själv

är jag?

fruktsam
fruktbar
fruktansvärt
rädd
att inte komma upp
när jag nu släppt taget

men inom mig finns
en källa också, så känns det
något som jag måste
få ge av

vem är det
som ska ha det?

   jag?
   inte ska väl jag...?

   joo

bara fragment kvar
ett virrvarr
spridda minnen
för starka känslor

likt bitar
i ett pussel
som fallit
isär

vid kusten
finns allt kvar
    vindexarna
    måsarna
    ölmagarna
solglasögonen
sittbrunnsfikat
svårbruna hudar
och rödbleka
    molnbankar
    och klarblått
lä och vind
rödmaneter
krabbklor
elkablar
grillar på svalning
    klippor
    skrevor
    klåvor
svårframkomlighet

genomleva
uthärda
allt
som andra
avnjuter

på stan ser jag
så många som orkar
    klä sig fräscht
    gå med rak rygg
    känna sig vackra
    och vara det
som har så mycket liv i sig

speciellt de unga får mig
att gråta av rörelse

deras framtidsögon
eyeliners
och alla sorters
solglasögon
deras spagatben
imponerande hästsvansar
och häftiga luggar

det finns hopp
för mänskligheten

ska det komma något
positivt också
ut av detta?
eller bara förluster
att lära sig leva med

skulle vilja vara villig
vara varsam med mig själv
har lust att ha lust
att laga mat till min familj

ett litet steg åt rätt håll
på väg ut ur stenen
ett litet steg närmare
stenens yta
inifrån

chefen vill veta om jag
vill komma på jullunch
jag tackar nej
de har en vikarie nu
och hon behöver
min arbetstelefon

efter arbetsdagens slut
    deras
kör jag dit
och lägger
    min telefon
på hans sekreterares bord

känns så skönt
att åka därifrån

gå i fängelse
gå direkt i fängelse
utan att passera GÅ

på väg till psykologen
efter mötet med kollegan
som berättat om läget
på vår gemensamma arbetsplats
nu när jag
inte är
gemensam

får absolut ingen lust
att återgå
och undergå
gå under
igen

vid rehabmötet
min ärlige chef
som inte kan erbjuda
lämplig arbetsmiljö
för mig
att återgå till
ens för arbetsträning

verksamheten
ska läggas ner
alla kollegor mår dåligt

vart ska jag då?

Gröna Rehab

får börja läkskola
salig går jag dit varje dag

    biologen berättar
    om fröken Violetta Al
    vårfin med lila knoppar
att talgoxar ropar
Judit Judit eller teacher teacher
    hur ringduvor dystert hoar
en gök tog min fru! en gök tog min fru!

vi ser på knoppar med lupp
ser harspår i snön
    och under frusna löv hon lyfter
    väntar små små sippor
    på värme
    som vi

vi ser lärkkottar
välätna
av viss fågel som
kommer i klunga
    minns inte namnet   men

att alen fäller löven gröna

sådant och annat
upplever vi
i den läkande skolan
i gläntan
vid bokskogen
i början
av slutet
i början
av livet

    vart är vi på väg?

bildterapi
jag målar ett träd
som är fällt
finner mina rötter
vindlande
förvånande
färgsprakande!

ser att stubben lever
att en liten gren
suger i sig färgerna
strävar uppåt
mot solljuset
skira blad finns redan

samma träd kan aldrig
resa sig igen

vill inte ens

delvis i ljust minne
bevarat…

gröna rehab
slokande kravlar du in
reser dig så smått till krypande
bemöts milt och accepterande
får stjärnor för långsamhet
och ansvarstagande pauser

ditt livsberättigande
återupprättas så sakteliga

börja om igen
en möjlighet
i omöjligheternas snårskog

sargad
luggsliten
känslosam
värdefull
gråter inte
för evigt

mina förfäder

de som bet ihop
på gården

förhärdade sår
som mormor
skrev om

deras ogråtna tårar
    ska också de ut
genom mina ögon?

arvs-gråt?

kan läka, säger hon
kan läka
gör ont
är trasigt
kan läka
just det!

jag lovar dig
det kommer tillbaka
i dig
jag lovar dig!

så skönt att höra psykologen säga det

kan lyfta höger hand nu
kornblå tekopp fylld!

kunde inte det
för ett år sedan

tänker på det
och gläds

och just idag
nästan helt
utan ångest

i sommarstugan
bor mammas själ kvar
allt är skapat av hennes händer
tavlor, bleknade gardiner
omklädda fåtöljer

vykortet på spiselhällen
vittnar om
    att även jag fanns
    skrev hem
    och levde
med egen familj
för arton år sen

glad jag, glada vi
i segelbåt vi hyrt
på andra kusten
under högtryck
unge med träningsvärk
rott hel kväll
och lärt sig bra
trä-dinge lånad av grannbåt

minns den kvällen i varm stiltje
minns så mycket egentligen

det går långsamt inom mig
    men   det går

gömd i gråzon
rädd att aldrig
    komma fram i ljuset

och
rädd för att
    göra just det

komma fram i ljuset
utan ork, lust och vilja
    utan något att ge

läste ju dagstidningar
i våras
    såg nyheter ett tag

sånt tål jag inte nu

nu är sorg
nu är gråt vid grav
ensam

igen

ifred
vill gömma mig för alla
   och mig själv
svårt förmå mig
sms:a mina barn
till och med

nu gör jag det
de är ju mina ju

vad skriver man?
inte om tårar
jag har det bra

på kyrkogården
rosor och förgätmigej
lindarnas skugga och sus
ett dopfölje kvittrar förbi

hur var det nu
finns det plats
för EN till
i familjegraven?

vems plats är det?

när jag har gråtit färdigt
får jag ta med mig
graven hem då?

bland prylarna på bordet
framför TVn här i stugan
    ett gammalt bokmärke
    jag måste ha glömt kvar

en vilsam dikt
Lars Björklund skrivit
om behov av dagar
"...då ingenting händer, då kraven faller
och ingen räknar vad du gjort och inte gjort..."

men
varför behöver just jag
så himla många såna dagar?

som den träningsforskande
Dr Börjesson föreläste
"Den tid du idag inte lägger på fysisk aktivitet,
får du i framtiden, vara beredd på
att lägga på sjukdom."

samma med vila, tänker jag

den tid du inte vilar idag
fast du skulle behöva
får du räkna med att
lägga på vila i framtiden

    trötthet som känns som sjukdom
    en av kroppen krävd vila
    man till sist
    tvingas ge efter för
    fast man inte vill

försöker hitta
balans mellan
vad jag vill
och vad jag orkar

de två
är mycket mindre samma nu
än förut

svårt att greppa för mig

ännu svårare att förklara
för andra

umgänge, näej
inte redo!
vill vara ifred

så känns det
så tydligt

och fiskarna
blommorna
TVn
och gräset
vinden
fåglarna
solen

det ingår nu
i rehabiliteringsplanen
att redan om två veckor
vårdcentral
jag

tveksam är jag
men vet ju inte
har ju aldrig
upplevt detta förut
inifrån

alltjämt som ett hålrum
i mig
som först behöver
fyllas på mer
    med vila
    som ger lust

eller
som en åker
som burit skörd
för många år i rad
och behöver
    få ligga i träda
    få tid att mogna
    tills det känns
    annorlunda

ändå
    står jag i begrepp att
    prova något helt annat

    för att Försäkringskassans
    antal dagar
    och Gröna Rehabs
    upplägg
    talar ett annat språk
    än mitt inre

inte vettskrämd ännu
men optimalt
känns det
    inte

måste vara väldigt ärlig
mot mig själv
om vad jag känner
under tiden

vara villig
att vara varsam
med mig själv

kan ingen lära mig
leva lagom?
visa mig och få mig
att äta lagom
dricka lagom
springa lagom
vila lagom
tala lagom
röra mig lagom
fort och långsamt

inte allt eller intet

nej
nån sån
kompanjon
finns inte

Arbetsträning

för att testa mina luggslitna vingar
damma av kunskapsreserven
pröva beslutsförmågan
finna mina vilande viljor
och gå vidare

vart   får vi se

för att stillsamt iakttaga
min egen farliga iver
och undvika att falla
i samma fälla

alltså
bli en annan
en ny

spela dum och glad
säger maken
ett råd från erfaren kollega

på väg till arbetsträningen
    andas!!
tänker
    en sån där spray
    utvecklad efter
    ytstrukturen
    på fjärilar
skulle jag behöva nu

spraya på mig sådan
så att inget fastnar

inte regn, inte olja
inte skit

inte kränkande
neddragningar
och sånt

inget elände fastnar

Först en lättnad
    vänlighet från kollega
    jag auskulterar med

ett spöke spricker
Poff!

    får en nyckel också
    tillträde
    välkommen, liksom

känner
igen mig

som om hippocampus
    vaknar till

Känner ömhet för patienterna
nyfikenhet och lätthet
ingen tyngd idag

kräkreflex lugn
ansvarsreflex alltför aktiv!

varsam var det ju
inte 110%!

hur hindrar man?

Vad saknar jag
som vill visa så mycket?

bekräftelse?
    respekt?
sammanhang?

nästa arbetsdag
stresspåslag
vid blotta åsynen av
namnspäckad lista
på datorskärmen
    de akutsökande
    en mångfärgad rad av
    dödshotande krav
så känner jag

något av namnen
kan vara en ung
lidande, klok, kvävd
människa som behöver
sjukskrivning
samtal och återbesök
och risken att hon/han vill
krypa in under
just mina vingar
slår på min ångest
    jag blir helt matt

PTSD-lika symtom
säger min doktor
senare

arbets-såret

hur läker man
en sjuk sårskorpa
på ett konstruktivt sätt?

i tårfuktig miljö
kanske

övermäktigt känns detta

min inre tidbok
är full
något har gått i
baklås i mig och

tålamodet med mig själv
har klara brister

nu när höljet
blivit hållbart nog
när jag utan
skal och fodral
kan vistas
bland andra
trodde jag kanske att…

men
innehållet
måste räcka
också

jag-brist
just det
jag lider av
jag-brist

och utan jag
går det inte att ge

läkekonst
kan jag ännu inte
utöva

på grund av
jag-brist!

jag måste inte vara
läkare längre men
    vägen därifrån
    GÖR ONT

frustrationen i
att det görs omöjligt
    för mig
att vara läkare

på grund av
    ekonomismen
de kraftslukande
administrativa kraven
    dumheterna
felsatsningarna
ovanifrån

och de etiska dilemman
allt detta innebär för mig

    ledsen, förtvivlad
värdelös?

se mig någon!
    det känns som om jag
    håller på att försvinna

samtidigt
    var det inte osynlig
    jag önskade vara?

torsdagshimmel
som veckad bomull lätt
doppad i fin ljusgrå sand
tak med tinnar och torn
passerar utanför bussen
Härlanda Häkte
arbetsplats
förgången tid
Munkebäck
arbetsplats
förgången tid
Nordost
arbetsområde
förgången tid
Hospice
arbetsplats
förgången tid
Föräldrar
förgången tid
Gröna Rehab
inom kort
förgången tid
livet
snart också...

försoning, funderar jag
arbetsträningen
kanske ändå kan
bli en försoning
mellan mig
och sjukvården

eller
inom mig
en försoning

uppgivenheten
känns inte sund

förståelig
men inte sund
så tung att bära
så energisugande
den stjäl på ett vis
tjugonio viktiga år
av mitt liv

uppgivenheten
är ond

det finns
starka skäl att
bekämpa den

Farkosten
eller om det är
omgivningen
    som slutat snurra vilt
    landar långsamt
studsar i ultrarapid
mjukt många gånger
söker säker stadig yta
att vila vid

ett nytt liv
att hinna upplevas
här och nu

Träningen
i vårdarbete
går inte alls bra

och

det första och sista mötet
på arbetsförmedlingen
är dråpligt och fruktlöst

efter det

kallar jag mig
frisk
inför försäkringskassan

min doktor
slipper skriva
fler sjukintyg

sen ringer jag
primärvårdsområdeschefen
det långa ordet
den långa människan
säger upp
min långa anställning

Sågbladet blänker
och sjunger
jag ringer
jag sågar
jag vågar

Hon nämner något
om andra arbetsuppgifter som
    kanske skulle gå att ordna
    behov av handledare…

jag svarar att
just nu
vore jag
ingen bra
mentor

mina ögon
ser ännu för svart

Äntligen
har jag tagit beslutet
som alla varnat mig för

tillhör inte landstinget
är helt min egen nu
utan ansvar, tvång eller
anställningstrygghet

frisk? nej, men fri
känner jag mig
tryggare och
mindre hotad
än på länge

Först ska jag bli frisk
sedan får vi se

inte som en ekorre
som gång på gång
hoppar
    till för svag gren

Alla de döda
unnar mig detta
tänker jag
och känner

alla de döda
jag mött
vet att
det här är

enda livet

Min mosters födelsedag
hon svarar inte när jag ringer
    och då
    känner jag
    längtan
    efter henne
    att få höra hennes röst
känner längtan!

kan känna längtan
igen!

inte som förra sommaren
    låg i fosterställning då
    i bilen innan jag
    reste mig lite
gick ner en stund
till älskade släktingar
på ön och grät

inser att
jag är friskare nu
det är så!
det går åt rätt håll
fast långsamt

Upptäcker att diskmaskinen
är tystare nu
kylskåpets surr också faktiskt

eller är det jag?

Denna sommar bara är
dess enda deadline
är döden
den slutar inte tvärt
som en semester
eller med sjukskrivnings
slutdatum

den bara pågår
så länge den pågår

den känns som min
min första riktigt egna

jag finns
jag får
jag vågar
jag kan

dyka igen kan jag
armen är lagad
läker

Tillåter mig
bli bjuden på mat
    struntar i att hjälpa till
äter hallonen jag plockar
direkt
medan de andra
samlar i hink

brännässlor svider
mot benen
fuktig värme
jag njuter och studerar
Vinbergssnäckor noga
under granar

som ett barn
    som ett barn
igen
    skönt

Ingenting kvar
av känslan jag hade då
jag dyster gick ifrån
        den sista vårdcentralen
        där jag arbetstränat
        mig sjuk igen
tidigt i våras

men

minns lättnaden
när jag lämnade
det febrigt fyllda väntrummet
gick ifrån otåligheten
ilskan och stressen
lämnade nyckeln
som ändå inte passade

        utanför såg jag
        rhododendron
        kring lekplatser
        med fåglar
        och isfläckar som
        våren smälte bort

Jag har bestämt mig
att acceptera
    acceptera att
    såhär är det med mig nu
inte fullt, men under påfyllnad
av kraft, minne, lust

inte kämpa emot
bara följa med
i läkningen
tro på den
tro på den inre rösten
tro att den inre visheten
ska leda rätt

Jag vill
hitta tillbaka
till människorna

kunna vistas där
rofyllt och givande
för båda parter

men inom mig
känns det så tydligt
    jag är inte där ännu

det är kravfri ensamtid
jag alltjämt behöver

tills jag får nog av den
blir fylld och överfylld
och frivilligt söker mig
sällskap

jag tror det kommer att hända

men om inte
så är skogen
    en bra vän

Detta med tid

just nu
gör det ingenting
att tiden går

det har den
förstås alltid gjort

gått
ibland rusat
ibland hasat

men just nu
går den som den ska

Somliga
av annat virke
robustare
men
inte jag

Hippocampus växer, tror jag
man får ge det tid

läser en bok skriven av en hjärnforskare
som förlorat halva hjärnan
i en stroke men återhämtat sig

likheterna med det jag upplever
är slående

Jag ville ju leva...innan jag dör

ändå var det inte lätt att
hoppa av Lutherkarusellen

hoppa och hoppa förresten
jag föll och
    hur ska jag beskriva…
en stor bit av mig ville upp igen
men orkade inte, kunde inte
den andra biten av mig
fick då varsamt ta hand om
den första, trösta

det är ett förlopp
som fortfarande pågår

denna upplevelse
tycks inte gå att sätta sig in i
förrän man själv
genomgår den

Alperna två år efter fallet

Välkommen y!
välkommen tillbaka!

jag hittade nyckelkortet
till mig själv

känner inte riktigt igen mig
men vänner på en resa gör det

bergstoppar med glassig snö
i solgass
klingande skratt

tillgång
    tillgång till
en del av mig själv
som varit stängd
    helt stängd
    bortkopplad

En resa kan nu åter
ge
mer kraft än
den tar

så har det inte känts
på flera år

En urlakningsprocess
nedåtgående kraftspiral
så var det tyvärr
länge länge

och när man kommit nedom noll
kanske så lågt som
    Döda Havet

då ligger man på minus!
−422 m ö h

rest mig ur Döda Havet
sakta klättrat uppåt
passerat nollnivån nu

berget invid är
1100 m ö h

på väg uppåt
    jag

Det är fullt möjligt att
jag skulle återhämtat mig
snabbare
om jag ännu mer konsekvent
avstått från social samvaro
under den tid
den kostade mer
än den gav

och
det kan vara
tvärtom

det lär jag aldrig få veta

Tre år efter fallet

Den hårda
har nästan slutat hacka
på mig i mig
i alla fall

	vem är jag
	nu då?

	bara lilla y
	eller
	en ny?

mindre nedtryckt
i mallar

redo att leva

mindre redo
att dö

Jag är inte ledsen längre
faktiskt
inte sorgsen över
att jag förlorat
förmågan, lusten, orken

viljan att förmå mig
att arbeta som läkare

jag är glad över att
ha sörjt färdigt
den förlusten
en stor sorg var det

jag vill göra annat nu

Jag kände
jag bejakade
jag tillät mig
och ville
njuta och avstå från
den inre tvingarens krav

ett glädjemöte med livet
blev det

jag dög
jag log
jag ler

Varför gläds jag?
och gläds för att jag gläds?

för att
det är
friska livet
i kontrast

ord som
framsteg
viktig
finnas kvar
smeker och stödjer

du får
bara vara!

Accepterade avigsidor
fridfull fred inom
förundran
tacksamhet

Är jag enad nu?
eller har jag bara fått
en glimt av enhetlighet

som ska komma
    och gå?

Vågar och vill inte
åter beträda
den arena
där jag föll

Är jag ett misslyckat rehab-fall
för att jag inte åter är i läkararbete?

jag själv tycker inte det

att ge upp var nog
det modigaste
jag gjort!

Rehabiliterad till livet
men inte till arbetslivet
inom den dysfunktionella
organisation
vården tyvärr
utvecklats till

Hur var det nu…
stundom bota
ofta lindra
alltid trösta

Mig tröstade
andras dikter
och texter
så mycket

Jag vill tacka

Klas, min älskade, för att du fortfarande finns vid min sida.

Martin, Fanny och Jonas, mina mirakelbarn, för all lycka ni skänkt och allt stöd ni ger mig.

Mamma och pappa i himlen.

Björn, för att du finns på jorden.

Psykolog Beatrice Holm för all din vishet.

Doktor Roger Johansson för din beundransvärda läkekonst.

Gröna Rehab i Änggården.

Det läkande kreativa skrivandet, kurserna och de nya vänner jag fått därigenom.

Kepler katt, din själ liknar min. Jag ser det i dina blickar.

Skogen med alla tröstande träd.

Sean Thomas Dougherty, my warmest thanks for your permission to quote your poem.

Innehåll